कविता बयानी

अभिव्यक्ति का आखिरी रास्ता

Swati Singh

BookLeaf Publishing

India | USA | UK

Made with ❤ on the BookLeaf Publishing Platform

www.bookleafpub.in

www.bookleafpub.com

Dedication

Preface

Writing "Kavita Bayani" has been a deeply personal journey. I set out with a simple goal: to compile my poems, to share fragments of my thoughts, and to see if they resonate with others. As an introvert, I often struggle to convey my feelings verbally. Writing has become my voice, allowing me to express what I sometimes cannot say aloud.

Each poem in this collection is a way to connect with the world around me. I hope these words strike a chord with fellow enthusiasts, reminding us all that we share similar experiences, joys, and sorrows. Poetry is a bridge that can bring us closer, transcending the barriers that words can sometimes create.

This book would not have been possible without the support of Book Leaf Publishing. Their work fueled my desire to put my thoughts into this tangible form. I am incredibly grateful for their guidance and encouragement throughout the process.

As you turn these pages, I invite you to find a piece of yourself in my verses. May we discover together the beauty of shared emotions and experiences. Thank you for joining me on this journey. Now, let's delve into the poems that tell my story.

Acknowledgements

To everyone who has touched my life, whether through encouragement or challenge, thank you. Your presence, positive or negative, has fueled my journey, especially during difficult times. I also want to extend a special thanks in advance to those who will lend their support to this secret mission once it becomes public. Your future involvement means the world to me.

1. मैं तो हूँ एक कटी पतंग

मैं तो हूँ एक कटी पतंग
नहीं चाहिए कोई साथ, नहीं पकड़ना कोई हाथ
खुद के रस्ते ढूढूँ मैं, उनपे चलूँ मैं खुद के संग
मैं तो हूँ एक कटी पतंग

पूरा ये आकाश मेरा, तारे सूरज चाँद मेरा
बाहें फैलाकर अपनी, सब समेट लूँ अपने संग
मैं तो हूँ एक कटी पतंग

सब तितली और बाग़ मेरे, ये सतरंगी रंग मेरे
सारे रंग बिखेरू मैं , उनमे जाऊं फिर मैं रंग
मैं तो हूँ एक कटी पतंग

डोर कोई अब बांधे ना , तीर कोई अब साधे ना
सारे तरकश तीर मेरे , उन्हें चलाऊँ अपने ढंग
मैं तो हूँ एक कटी पतंग

चलती थकती गिरती हूँ , फिर उठकर चल पड़ती हूँ
नदियों कि तालों में मैं नाचूंगी अपने ही अंग
मैं तो हूँ एक कटी पतंग

2. बस सपनो में मुमकिन है

लिपटकर आज फिर तुझसे, बहुत रोए बहुत रोए
पता है तुझको छू पाना, तो बस सपनों में मुमकिन है

है तेरे साथ हंस पाना, तो सपनो में भी नामुमकिन
तेरी मुस्कान देखूं ये, तो बस सपनों में मुमकिन है

बचे कुछ और जीवन हैं, मेरे हंसने से हँसते हैं
बिना तेरे सुखी जीवन, तो बस सपनों में मुमकिन है

है अच्छी नींद अब लगती, तुझे मिलने की ख्वाहिश में
यूँ गहरी नींद भी सोना, तो बस सपनों में मुमकिन है

तेरी अर्धांगिनी का अब, हो जैसे खोया आधा अंग
पूर्ण होकर के जीना अब, तो बस सपनों में मुमकिन है

थकावट हो गई है अब, परीक्षाओं से जीवन की
सुकूं से मौत भी चुनना, तो बस सपनों में मुमकिन है

3. बीत जाए बस ये जीवन फिर मिलेंगे एक बार

कर दिया है दूर बेशक, है नहीं अब पास वो
है कहा हिम्मत खुदा में छीन ले एहसास जो
मुस्कुराता होगा तू तेरा खिलौना छीन कर
ले नहीं सकता वो यादें अब रखी हैं बींधकर
सब्र रखना तू भी करना उस जहाँ में इंतज़ार
बीत जाए बस ये जीवन फिर मिलेंगे एक बार

की दगाबाजी जो तूने चल दिया सब छोड़कर
देख तेरे सारे नाते हो गए यूँ खंडहर
समय ने छोड़ी है जैसे अपने बढ़ने की प्रकृति
बढ़ चली है ज़िन्दगी मुझको वहीं पर रोककर
टांग दूँ तस्वीर तेरी इतनी दृढ़ता है कहाँ
झूठी ही उम्मीद मेरी टूट जाए बार बार
बीत जाए बस ये जीवन फिर मिलेंगे एक बार

जाना ही था साथ ले जाता मुझे भी तू उधर
लौट कर आने का कोई रास्ता ना था जिधर
साथ जीने और निभाने की कहानी छोड़ दी
कल्पनाओं की वो तस्वीरें भी हमने तोड़ दीं
अब तो पछतावे ही हिस्से में बचें हैं उम्र भर
हारकर सब मुस्कुराने का हुआ है रोजगार
बीत जाए बस ये जीवन फिर मिलेंगे एक बार

4. कटता है कट जाए जीवन जैसे भी अब जी लेंगे

गम में गुमना गुमते जाना , कोई अच्छी बात नहीं
पर उन गलियों में जाए बिन, बीती कोई रात नहीं

ऐसा किस्सा होगा मुझको कभी भी ये आभास न था
मेरे कर्मों का हिसाब पर अब भी मेरे पास न था

अब भी सोचूं क्या गलती की जिसकी ऐसी सजा मिली
किन पापो के बदले में रब ऐसी तेरी रज़ा मिली

दर दर भटकू फिर भी मिलता मुझे नहीं अब ठौर कोई
अब जो होगा तू देखेगा रखवाला क्या और कोई

खुशहाली के जीवन की कोई दरकार नहीं लेंगे
कटता है कट जाए जीवन जैसे भी अब जी लेंगे

5. जब मुझसे बातें करने का फिर कभी तुम्हारा मन होगा

जब मुझसे बातें करने का फिर कभी तुम्हारा मन होगा
अपने ज़्यादा ही फुर्सत के पल कटने का साधन होगा

जब ऊब मिटाने को तुम मेरा हाल जानना चाहोगे
तब मेरा मन ना कह देगा, हल तेरा ये न सफल होगा

फुर्सत की नीरसता को तुम जब नाम याद का दे दोगे
मैं रहूं उपस्थित फिर उस दिन उम्मीद यही तुम रक्खोगे

तब मुझे याद आ जाएंगे दुःख में काटे एकाकी दिन
जो कठिन समय में मुँह मोड़े तो कट जाएगा उसके बिन

6. है पता न ठौर कोई बस सफर में चल दिए

है पता न ठौर कोई बस सफर में चल दिए
अनगिनत रिश्ते बनाए और अधर में चल दिए

हैं टहलते इस धरा में ना पता उद्देश्य का
रूप में जिस दम्भ भरते क्या खरा इस भेष का

चार बातें ज्ञान की सुन लीं वही अब ज्ञान है
पर स्वयं के तत्त्व से क्यूँ आज भी अनजान है

जब जलाए तन रसायन सब में निकले एक से
फिर भला कैसे हुए हम यूँ अलग प्रत्येक से

खुद बनाए धर्म इतने खुद उन्ही में बंट गए
मृत्यु की तलवार से पर एक ही से कट गए

जब समय पर वो विधाता प्राण लेने आएगा
फर्क इतने धर्म में फिर वो कहा कर पाएगा

जोड़ लें इस आत्मा परमात्मा की एक तार
छूट जाए चक्र जीवन ना मिलें फिर बार बार

7. सुनसान लगे वीरान लगे

सुनसान लगे वीरान लगे, जब जीवन ये विषपान लगे
अपमान लगे अंजाम लगे, जब मृत्यु सर्व महान लगे

जब रात ही सच्ची साथी ,और सारी सुबहें अनजान लगे
जब तथाकथित अपनों के मन की मंशा भी शैतान लगे

जब नींद टूटकर भी निद्रा को अपनाना आसान लगे
जब भरा हुआ भारी हिय भी, तुमको बिल्कुल बेजान लगे

जब मन की मनन व्यथा कहना, बेकार लगे अपमान लगे
जब शेष बचा लम्बा जीवन , जी पाना एक व्यवधान लगे

तब मगर हारना तुम हारो, उस क्षण की क्षणभंगुरता से
जैसे सरिता काटे अवरोधी पत्थर बड़ी सरलता से

तब जीत दिलाओ जीवन जीने की जिद को जिन्दा रक्खो
थामे रहना कश्ती फिर तूफाँ कितने ही भयवान लगे

8. चलो अकेलापन बाँटे

चलो अकेलापन बाँटे

तुम बांटो कुछ हम बाँटे

जब तक साथ चले जीवन

अपने अपने गम बाँटे

आते लोग हैं जाने को

ना की साथ निभाने को

आदत ना ये बन जाएं

दिनचर्या कुछ कम बाँटे

९. धरो धीरज बनो नीरज

धरो धीरज बनो नीरज , पंक में फिर खिलोगे तुम
स्वयं के पंख गढ़कर ही, दिशाओं से मिलोगे तुम

लगेगा गर्त में जीवन , घड़ी थमती सी जाएगी
पुकारोगे सहारे भी, नहीं आवाज आएगी

अकेलेपन के उस क्षण में, मिलाना फ़ोन यारों को
पुरानी याद ही ले आएगी फिर से बहारों को

जगेगा फिर वही विश्वास खुद पर जो कहीं खोया
उगेगा फिर नया पौधा, जो संघर्षों ने है बोया

भरें उम्मीद साँसों में निकलती हैं जो प्राणों से
करें स्वीकार ये जीवन जो चलता है विकारों से

10. संघर्ष सफल होंगे देखो

संघर्ष सफल होंगे देखो , निज श्रम को नियमितता देकर

सब कष्ट सार्थक होंगे, कर्तव्यों को समरसता देकर

तुम डंटे रहो पीड़ाओं से, अपनी भविष्य गाथा लिखदो

पैरों पर पथ प्रस्तर पहाड़, भानु पर है माथा लिख दो

आ जाते हैं आंसू निष्ठुर नियति को सहना पड़ता है

विचलित हिय हो जाए तब भी, मुख को तो सीना पड़ता है

बस उठो अंधेरो में जागो, सब भूक प्यास मिट जाएगी

संसार झुकेगा कदमो में ,जब मंजिल फिर मिल जाएगी

10. मृगमरीचिका

मृगमरीचिका देख रास्ते पर सोचा के पानी है
वो उसकी धोखेबाजी थी जो हमें लगा नादानी है

हमने नासमझी में उसको अपने हिस्से का जान लिया
कर तीरे अनुभव अतीत के , है उसे कदर ये मान लिया

और जब उम्मीदें फिर हारीं और सीखा गईं हमको फिरसे
अपनत्व कहाँ अब इस युग में सारी दुनिया अनजानी है

है गलत कहाँ कोई और भला , सब अपना जीवन जीते हैं
है साथ कहाँ सबके हिस्से , कुछ की तनहा ज़िंदगानी है

12. तिनके का घमंड

चलो आज हम सुनते हैं, एक तिनके की कहानी
डूबे को थामे जो तिनका बातें बड़ी पुरानी

एक डूबते ने थामा जब एक तिनके का हाथ
तिनका बना सहारा उसने दिया बराबर साथ

कुछ दिन में तिनके ने सोचा ऐसी है अब बात
मुझपर ही ये आश्रित राही, देखे अब औकात

तिनके ने फिर कहा के राही देख भला मैं कितना
क्या तुमने देखा है बोलो कहीं बड़प्पन इतना

आसानी से मिला हूँ राही करता नहीं कदर है
ऑर्डर मेरे ना माने तू होता नहीं असर है

राही ने फिर कहा कि लहरों में था तू भी बहता
मैंने भी तो सुने तेरे दुःख जितने भी तू कहता

क्यूँ ना होगी कदर मुझे थोड़ा भी साथ निभाया
छोड़े क्यूँ अपने घमंड में प्रभु ने हमें मिलाया

मगर अहम् तिनके का क्यूँ राही की बात था माने
सोचा राही डूब चलूँ अब अपना मान बचाने

13. है सब्र मेरा अब टूट रहा

है सब्र मेरा अब टूट रहा, कुछ रस्ता तुम दिखलाओ अब
हे प्रभु मेरा मन रूठ रहा, तुमआकर इसे मनाओ अब

या मुझे गिराओ ऐसे की, सागर के नीचे दब जाऊं
या मेरे हाथों की मशाल में सूरज ही चमकाओ अब

या मुझे छीनकर सारे रिश्तों को तुम अब आजाद करो
या हर क्षण मेला सजा रहे उन रिश्तों से मिलवाओ अब

या बनो सारथी तुम अब रथ खींचो और उसको पार करो
या काटो रस्सी जीवन की कुछ साँसे मत दिलवाओ अब

14. क्यूँ ना फिर बच्चे बन जाते

क्यूँ ना फिर बच्चे बन जाते

एक टिफ़िन और बोतल लेकर , उस से ही हम खुश हो जाते

नई किताबों की खुशबू से, अपने मन को भी महकाते

माँ से खाते खूब पिटाई, फिर भी उनके पास ही जाते

भाई बहन से खूब झगड़ते, पर उनके बिन रह ना पाते

क्यूँ ना फिर बच्चे बन जाते

जीवन होता खेल खिलौना, टूटा जुड़ता गुम हो जाता

पर फिर उसी खिलौने की ज़िद, अगले दिन ही भूल भी जाते

लड्डू पेड़ा और मिठाई, नाच नाच कर सब खा जाते

खेल-खेल में रूठ भी जाते,खुद ही हम फिर मान भी जाते

क्यूँ ना फिर बच्चे बन जाते

अब तो बचपन छूट चुका है जिम्मेदारी ने है घेरा

पर मन का बच्चा अब भी है, नहीं जिसे कोई समय का फेरा

अब इन बच्चों के ही संग हम, अपना भी बचपन जी पाते

बच्चों से बचपन सीखें तो कष्ट समय के भी कट जाते

फिर से क्यूँ बच्चे बन जाते

फिर से क्यूँ बच्चे बन जाते

15. यकीन रख

है कठिन डगर मगर यकीन रख
हैं पत्थरों के पथ मगर यकीन रख

है रात लम्बी छा रहा तिमिर घना
तू अब तलक की उलझनों से है सना

हैं थक रहे हैं पांव आँख थक रही
ना सृष्टि ही कोई दया है रख रही

हैं प्राण जब तलक बचे शरीर में
है आस डोर खींचती यकीन रख

मिलेगी फिर से रौशनी की एक किरण
है बादलों में सूर्य तू यकीन रख

16. क्या बनें

अब बनें तो चाँद
   यूँ चकोर क्या बनें

अब बनें तो मेघ बनें
   मोर क्या बनें

अब बनें कटी पतंग
   डोर क्या बनें

अब बनें तो गीत बनें
   शोर क्या बनें

गुनगुना ले हर कोई, वो एक राग हूँ

खुद ही खुद से जल सकूँ, मैं वो चिराग हूँ

लेके मेरी रौशनी तू भी कदम बढ़ा

अब बनें तो राह बनें
   छोर क्या बनें

17. मैं जनता हूँ ,यूँ ही बहलाई जाती हूँ

मैं जनता हूँ ,यूँ ही बहलाई जाती हूँ
चार शब्द के जाल में फंसकर ख्वाब नए बन लेती हूँ
फिर हर पांच वर्ष की खातिर वोट तुम्हे दे देती हूँ
नाम देश के जो भी तुमने त्याग समर्पण मांगे हैं
जेब तो कटती जाती है पर जय भारत कह देती हूँ
झूठे वादों का सच सुनकर रोज छलाई जाती हूँ
मैं जनता मैं ऐसी जनता यूँ बहलाई जाती हूँ

इन सपनों के भारत में जन देखो कैसे सिसक रहा
मंहगाई ऊपर को जाती रूपया नीचे खिसक रहा
रोज रोज इस रोजगार की खाई बढ़ती जाती है
गिव अप गिव अप करके बस एक पाई ही रह जाती है
पेंशन सबकी काट के संसद वेतन खुद बढ़वाती है
देख के हालत बोल पड़ूँ तो चुप करवाई जाती हूँ
मैं जनता मैं मूरख जनता यूँ बहलाई जाती हूँ

राम लला तो जीत गए पर राम राज्य तो हार रहा
उठती आवाजों को कोई रावण जैसा मार रहा
लाठी ओर डंडे भी कहते हैं अब चुप ही हो जाओ
बीमारी लाचारी देखो उनमे ही तुम खो जाओ
आंदोलन सब बंद करो आस्वाशन लेकर घर जाओ
इन नारों वादों की मंजिल में भटकाई जाती हूँ
मैं जनता भारत की जनता यूँ बहलाई जाती हूँ

18. मुझको देह समझने वालों

मुझको देह समझने वालों , तुमने मुझको क्या जाना
रूप रंग है ढल जाएगा , क्या तुमने है पहचाना

मेरे भीतर प्रेम है कितना , कितना राग द्रेष संचित
कितनी मेरी रही कहानी, कितना मेरा अफसाना

तुमने जो सुंदरता देखी, वो तो बस एक कपड़ा है
मेरे मन में भी तो झांको , कहीं न धोखा खा जाना

काश करे भगवान् कि तुमको वही अलौकिक आँखे दे
जो मेरा अस्तित्व निहारे , नहीं मेरा ये कुम्हलाना

मैं तो रचना उस प्रकृति की, निडर नियत निश्छल मन की
मेरी मनोदशा भी जानो, फिर गढ़ना ताना-बाना

19. दुनिया की जीवनदाता

दुनिया की जीवनदाता , अब उठो स्वयं को जीवन दो
सबका मन रखने वाली , अब उठो स्वयं को भी मन दो

नींव का पत्थर बन ने वाली , निर्माणों का शिखर बनो
हर उठती आवाज से डरने वाली अब तुम निडर बनो

कौन कहेगा तुम सब कर लोगी ये मुझे भरोसा है
ये समाज ना देगा कुछ जिसने बस तुमको कोसा है

उठो अकेलेपन में खुद ही, और स्वयं का मित्र बनो
सारा जग ही महक उठेगा , उठो स्वयं का इत्र बनो

सृष्टि के जन जनने वाली,स्वयं स्वयं की जननी बन
नई कोपलें फूटेंगी फिर, स्वयं स्वयं की धरनी बन

20. हे प्रभु

हे प्रभु आ जाओ मेरे मन में स्थिरता करो
बस सको तो बसो मुझमे अब न निर्दयता करो

है अधीरा मन ये साथी ढूंढता क्षण क्षण में क्यूँ
खोज मेरी ख़त्म हो मिल जाऊं तुझमे मन से यूँ

जो परीक्षाएं तुझे लेनी है तू सब ले मगर
साथ मेरे तू भी चल आसान कर मेरी डगर

ले शरण में अब मुझे ना छोड़ इस संसार में
छल कपट धोखा भरा है जिसके सब व्यवहार में

ख़त्म अंधियारे सभी हों अब तो सूरज बन मेरा
अंकुरित हो फिर से जीवन अब तो धीरज बन मेरा

21. लो बाँट लिया मानुष

लो बाँट लिया मानुष ने मानुष को भाषाओँ में
अब बांटे चिड़ियों कौवों को बैठे शाखाओं में

अब चलो सुनें किस भाषा में कोयल ने गीत गढ़े
फिर तमिल मराठी हिंदी में हम उनके मीत मढ़ें

एक दौर तो वो भी था जब भाषाएं कोई ना थीं
तब भी रहते थे टोली में कैसे हम सोचें भी

यूँ एक ओर तो होड़ मची है बने विदेशी भी
पर अपने देश के प्राणी भी ना लगते देशी भी

क्यूँ उस प्रकृति का ना सोचें हम जिसने हमें रचा
जिसकी विपत्ति की भाषा से हर भाषी नहीं बचा

यदि बेगानी भाषा को सुनना असहनीय होगा
तो सांकेतिक भाषा सीखें हम सराहनीय होगा

www.ingramcontent.com/pod-product-compliance
Lightning Source LLC
LaVergne TN
LVHW050508210726
843509LV00015BA/3045